This Planner Belongs to:

_ _ _ _ _ _ _

_ _ _ _ _ _ _

Cruising Plans

Cruise Dates:

Departure

_____

Return

_____

Port of Departure:

_____

Cruise Ports of Call:

_____

_____

_____

_____

Cruising Plans

Cruise Line: _ _ _ _ _ _ _ _ _ _ _ _ _ _ _ _ _ _

Type of Ship: _ _ _ _ _ _ _ _ _ _ _ _ _

Ship Name: _ _ _ _ _ _ _ _ _ _ _ _ _

Cabin Number_ _ _ _ _ _ _ _ _ _ _ _ _

Deck Number _ _ _ _ _ _ _ _ _ _ _ _ _

Cruise Details:

Destination:

_ _

Cruise Length:

_ _

Type of Cruise (ocean, river,
Caribbean, East, West,
Asian, etc.)

_ _

_ _

At §ea ◯   Port ◯   Date _____

_____

Weather ☀ ☁ ☂ ❄   Temperature __

	Restaurant	Menu Choice
Breakfast		
Lunch		
Dinner		

Shipboard Activities

Excursions Planned

Evening events

Attire: Formal ◯   Casual ◯

Favorite Memory

New Friends

Don't forget!

❑ Ports of Call Details:

Port:

_ _

<u>Dis-embark Method</u>

Dock

_ _

Tender

_ _

<u>Excursions Information</u>

Time _ _ _ _ _ _ _ _ _ _ _ _ _ _ _ _ _

Start: _ _ _ _ _ _ _ _ _ _ _ _ _ _ _ _

Return: _ _ _ _ _ _ _ _ _ _ _ _ _ _

Remember to take Cruise ID

Tour Operator:

_____

_____

Type of Excursion:

Guided _ _ _
Narrated _ _ _
Self-guided _ _ _

Excursion Information:

❑ Swimming
❑ Diving
❑ Walking
❑ Hiking
❑ Climbing

Method of transport

Bus _ _ _
Van _ _ _
Walk _ _ _
Other _ _ _

Items to take:

Camera: _ _ _ _ _ _ _ _ _ _ _

Protection:

Sunscreen _ _ _ _ _ _ _ _ _ _

Bug Repellent _ _ _ _ _ _

_ _

_ _

_ _

Refreshments

Water _ _ _ _ _ _ _ _

Tote Bag _ _ _ _ _ _

Clothing

Shoes _ _ _

Sweater _ _ _

Jacket _ _

Towel _ _ _

Swimsuit _ _ _

_ _

_ _

_ _

❑ Ports of Call Details:

Port:

_____

<u>Dis-embark Method</u>

Dock

_____

Tender

_____

<u>Excursions Information</u>

Time _____

Start: _____

Return: _____

Remember to take Cruise FD

Tour Operator:

Type of Excursion:

Guided _ _ _

Narrated _ _ _

Self-guided _ _ _

Excursion Information:

❏ Swimming
❏ Diving
❏ Walking
❏ Hiking
❏ Climbing

Method of transport

Bus _ _ _

Van _ _ _

Walk _ _ _

Other _ _ _

Items to take:

Camera: _ _ _ _ _ _ _ _ _ _
Protection:
  Sunscreen _ _ _ _ _ _ _ _ _
  Bug Repellent _ _ _ _ _ _

_ _
_ _
_ _

Refreshments
  Water _ _ _ _ _ _ _

Tote Bag _ _ _ _ _ _

Clothing
  Shoes _ _ _
  Sweater _ _ _
  Jacket _ _ _
  Towel _ _ _
  Swimsuit _ _ _

_ _
_ _
_ _

Notes:

At Sea ◯ Port ◯ Date _____

_____

Weather ☀ ☁ ☂ ❄ Temperature __

	Restaurant	Menu Choice
Breakfast		
Lunch		
Dinner		

Shipboard Activities

Excursions Planned

Evening events

Attire: Formal ◯ Casual ◯

Favorite Memory

New Friends

Don't forget!

❑ Ports of Call Details:

Port:

_____

Dis-embark Method

Dock

_____

Tender

_____

Excursions Information

Time _____

Start: _____

Return: _____

Remember to take Cruise
ID

Tour Operator:

_____

_____

Type of Excursion:

Guided _ _ _
Narrated _ _ _
Self-guided _ _ _

Excursion Information:

☐ Swimming
☐ Diving
☐ Walking
☐ Hiking
☐ Climbing

Method of transport

Bus _ _ _
Van _ _ _
Walk _ _ _
Other _ _ _

Items to take:

Camera: _ _ _ _ _ _ _ _ _ _
Protection:

        Sunscreen _ _ _ _ _ _ _ _ _
        Bug Repellent _ _ _ _ _ _

_ _
_ _
_ _

Refreshments

        Water _ _ _ _ _ _ _ _

Tote Bag_ _ _ _ _ _

Clothing

        Shoes _ _ _
        Sweater _ _ _
        Jacket _ _ _
        Towel _ _ _
        Swimsuit _ _ _

_ _
_ _
_ _

❑ Ports of Call Details:

Port:

_____

<u>Dis-embark Method</u>

Dock

_____

Tender

_____

<u>Excursions Information</u>

Time _____

Start: _____

Return: _____

Remember to take Cruise ID

Tour Operator:

_ _ _ _ _ _ _ _ _ _ _ _ _ _ _ _ _ _ _

_ _ _ _ _ _ _ _ _ _ _ _ _ _ _ _ _ _ _

Type of Excursion:

Guided _ _ _

Narrated _ _ _

Self-guided _ _ _

Excursion Information:

☐ Swimming
☐ Diving
☐ Walking
☐ Hiking
☐ Climbing

Method of transport

Bus _ _ _

Van _ _ _

Walk _ _ _

Other _ _ _

Items to take:

Camera: _ _ _ _ _ _ _ _ _ _ _

Protection:

       Sunscreen _ _ _ _ _ _ _ _ _

       Bug Repellent _ _ _ _ _ _

_ _ _ _ _ _ _ _ _ _ _ _ _ _ _ _ _ _

_ _ _ _ _ _ _ _ _ _ _ _ _ _ _ _ _ _

_ _ _ _ _ _ _ _ _ _ _ _ _ _ _ _ _ _

Refreshments

       Water _ _ _ _ _ _ _

Tote Bag _ _ _ _ _ _

Clothing

       Shoes _ _ _

       Sweater _ _ _

       Jacket _ _ _

       Towel _ _ _

       Swimsuit _ _ _

_ _ _ _ _ _ _ _ _ _ _ _ _ _ _ _ _ _

_ _ _ _ _ _ _ _ _ _ _ _ _ _ _ _ _ _

_ _ _ _ _ _ _ _ _ _ _ _ _ _ _ _ _ _

Notes:

At Sea ◯ Port ◯   Date _____

_____

Weather ☀ ☁ ☂ ❄   Temperature __

	Restaurant	Menu Choice
Breakfast		
Lunch		
Dinner		

Shipboard Activities

Excursions Planned

Evening events

Attire: Formal ◯   Casual ◯

Favorite Memory

New Friends

Don't forget!

❑ Ports of Call Details:

Port:

_____

Dis-embark Method

Dock

_____

Tender

_____

Excursions Information

Time _____

Start: _____

Return: _____

Remember to take Cruise ID

Tour Operator:

_ _

_ _

Type of Excursion:

Guided _ _ _

Narrated _ _ _

Self-guided _ _ _

Excursion Information:

❑ Swimming
❑ Diving
❑ Walking
❑ Hiking
❑ Climbing

Method of transport

Bus _ _ _

Van _ _ _

Walk _ _ _

Other _ _ _

Items to take:

Camera: _ _ _ _ _ _ _ _ _ _ _

Protection:

       Sunscreen _ _ _ _ _ _ _ _ _

       Bug Repellent _ _ _ _ _ _

_ _

_ _

_ _

Refreshments

       Water _ _ _ _ _ _ _

Tote Bag_ _ _ _ _ _

Clothing

       Shoes _ _ _

       Sweater _ _ _

       Jacket _ _ _

       Towel _ _ _

       Swimsuit _ _ _

_ _

_ _

_ _

❑ Ports of Call Details:

Port:

Dis-embark Method

Dock

Tender

Excursions Information

Time _____

Start: _____

Return: _____

Remember to take Cruise ID

Tour Operator:

_ _

_ _

Type of Excursion:
Guided _ _ _

Narrated _ _ _

Self-guided _ _ _

Excursion Information:

❑ Swimming
❑ Diving
❑ Walking
❑ Hiking
❑ Climbing

Method of transport
Bus _ _ _

Van _ _ _

Walk _ _ _

Other _ _ _

Items to take:

Camera: _ _ _ _ _ _ _ _ _ _

Protection:

        Sunscreen _ _ _ _ _ _ _ _ _

        Bug Repellent _ _ _ _ _ _

_ _

_ _

_ _

Refreshments

        Water _ _ _ _ _ _ _

Tote Bag_ _ _ _ _ _

Clothing

        Shoes _ _ _

        Sweater _ _ _

        Jacket _ _ _

        Towel _ _ _

        Swimsuit _ _ _

_ _

_ _

_ _

Notes:

At $\mathscr{Sea}$ ◯ $\mathscr{Port}$ ◯   Date _____

_____

$\mathscr{Weather}$ ☀ ☁ ☂ ❄ $\mathscr{Temperature}$ __

	Restaurant	Menu Choice
Breakfast		
Lunch		
Dinner		

Shipboard Activities	Excursions Planned

Evening events

Attire: Formal ◯   Casual ◯

Favorite Memory

New Friends

Don't forget!

❑ *Ports of Call Details:*

Port:

_ _

Dis–embark Method

Dock

_ _

Tender

_ _

Excursions Information

Time _ _ _ _ _ _ _ _ _ _ _ _ _ _ _ _ _

Start: _ _ _ _ _ _ _ _ _ _ _ _ _ _ _ _ _

Return: _ _ _ _ _ _ _ _ _ _ _ _ _ _ _

Remember to take Cruise ID

Tour Operator:

_____

_____

Type of Excursion:
  Guided _ _ _
  Narrated _ _ _
  Self-guided _ _ _

Excursion Information:

❑ Swimming
❑ Diving
❑ Walking
❑ Hiking
❑ Climbing

Method of transport
  Bus _ _ _
  Van _ _ _
  Walk _ _ _
  Other _ _ _

Items to take:

Camera: _ _ _ _ _ _ _ _ _ _ _

Protection:

       Sunscreen _ _ _ _ _ _ _ _ _

       Bug Repellent _ _ _ _ _ _

_ _

_ _

_ _

Refreshments

       Water _ _ _ _ _ _ _ _

Tote Bag_ _ _ _ _ _

Clothing

       Shoes _ _ _

       Sweater _ _ _

       Jacket _ _ _

       Towel _ _ _

       Swimsuit _ _ _

_ _

_ _

_ _

☐ Ports of Call Details:

Port:

_____

Dis-embark Method

Dock

_____

Tender

_____

Excursions Information

Time _____

Start: _____

Return: _____

Remember to take Cruise ID

Tour Operator:

_____

_____

Type of Excursion:

Guided _ _ _

Narrated _ _ _

Self-guided _ _ _

Excursion Information:

- ☐ Swimming
- ☐ Diving
- ☐ Walking
- ☐ Hiking
- ☐ Climbing

Method of transport

Bus _ _ _

Van _ _ _

Walk _ _ _

Other _ _ _

Items to take:

Camera: _ _ _ _ _ _ _ _ _ _

Protection:

       Sunscreen _ _ _ _ _ _ _ _ _

       Bug Repellent _ _ _ _ _ _

_ _

_ _

_ _

Refreshments

       Water _ _ _ _ _ _

Tote Bag _ _ _ _ _ _

Clothing

       Shoes _ _ _

       Sweater _ _ _

       Jacket _ _ _

       Towel _ _ _

       Swimsuit _ _ _

_ _

_ _

_ _

Notes:

At Sea ◯   Port ◯

_____

Weather ☀ ☁ ☂ ❄   Temperature __

	Restaurant	Menu Choice
Breakfast		
Lunch		
Dinner		

Shipboard Activities

Excursions Planned

Evening events

Attire: Formal ◯   Casual ◯

Favorite Memory

New Friends

Don't forget!

☐ Ports of Call Details:

Port:

_____

Dis-embark Method

Dock

_____

Tender

_____

Excursions Information

Time _____

Start: _____

Return: _____

Remember to take Cruise ID

Tour Operator:

_ _ _ _ _ _ _ _ _ _ _ _ _ _ _ _ _ _

_ _ _ _ _ _ _ _ _ _ _ _ _ _ _ _ _ _

Type of Excursion:

Guided _ _ _

Narrated _ _ _

Self-guided _ _ _

Excursion Information:

❑ Swimming
❑ Diving
❑ Walking
❑ Hiking
❑ Climbing

Method of transport

Bus _ _ _

Van _ _ _

Walk _ _ _

Other _ _ _

Items to take:

Camera: _ _ _ _ _ _ _ _ _ _

Protection:

       Sunscreen _ _ _ _ _ _ _ _ _

       Bug Repellent _ _ _ _ _ _

_ _

_ _

_ _

Refreshments

       Water _ _ _ _ _ _ _ _

Tote Bag_ _ _ _ _ _

Clothing

       Shoes _ _ _

       Sweater _ _ _

       Jacket _ _ _

       Towel _ _ _

       Swimsuit _ _ _

_ _

_ _

_ _

❑ **Ports of Call Details:**

Port:

Dis-embark Method

Dock

Tender

Excursions Information

Time _____

Start: _____

Return: _____

Remember to take Cruise ID

Tour Operator:

_____

_____

Type of Excursion:

         Guided _ _ _

         Narrated _ _ _

         Self-guided _ _ _

Excursion Information:

- ☐ Swimming
- ☐ Diving
- ☐ Walking
- ☐ Hiking
- ☐ Climbing

Method of transport

         Bus _ _ _

         Van _ _ _

         Walk _ _ _

         Other _ _ _

Items to take:

Camera: _ _ _ _ _ _ _ _ _ _
Protection:
        Sunscreen _ _ _ _ _ _ _ _ _
        Bug Repellent _ _ _ _ _ _

_ _
_ _
_ _

Refreshments
        Water _ _ _ _ _ _ _

Tote Bag_ _ _ _ _ _

Clothing
        Shoes _ _ _
        Sweater _ _ _
        Jacket _ _ _
        Towel _ _ _
        Swimsuit _ _ _

_ _
_ _
_ _

Notes:

At Sea ◯   Port ◯   Date _____

_____

Weather ☀ ☁ ☂ ❄   Temperature __

	Restaurant	Menu Choice
Breakfast		
Lunch		
Dinner		

Shipboard Activities   **Excursions Planned**

Evening events

Attire: Formal ◯   Casual ◯

Favorite Memory

New Friends

Don't forget!

❑ Ports of Call Details:

Port:

_ _

Dis-embark Method

Dock

_ _

Tender

_ _

Excursions Information

Time _ _ _ _ _ _ _ _ _ _ _ _ _ _ _ _ _ _ _

Start: _ _ _ _ _ _ _ _ _ _ _ _ _ _ _ _ _ _

Return: _ _ _ _ _ _ _ _ _ _ _ _ _ _ _ _ _

Remember to take Cruise
ID

Tour Operator:

_ _ _ _ _ _ _ _ _ _ _ _ _ _ _ _ _ _ _

_ _ _ _ _ _ _ _ _ _ _ _ _ _ _ _ _ _ _

Type of Excursion:

Guided _ _ _

Narrated _ _ _

Self-guided _ _ _

Excursion Information:

❑ Swimming
❑ Diving
❑ Walking
❑ Hiking
❑ Climbing

Method of transport

Bus _ _ _

Van _ _ _

Walk _ _ _

Other _ _ _

Items to take:

Camera: _ _ _ _ _ _ _ _ _ _
Protection:

       Sunscreen _ _ _ _ _ _ _ _ _
       Bug Repellent _ _ _ _ _ _

_ _
_ _
_ _

Refreshments

       Water _ _ _ _ _ _ _

Tote Bag_ _ _ _ _ _

Clothing

       Shoes _ _ _
       Sweater _ _ _
       Jacket _ _ _
       Towel _ _ _
       Swimsuit _ _ _

_ _
_ _
_ _

❑ Ports of Call Details:

Port:

_____

Dis-embark Method

Dock

_____

Tender

_____

Excursions Information

Time _____

Start: _____

Return: _____

Remember to take Cruise ID

Tour Operator:

_ _

_ _

Type of Excursion:

Guided _ _ _

Narrated _ _ _

Self-guided _ _ _

Excursion Information:

☐ Swimming
☐ Diving
☐ Walking
☐ Hiking
☐ Climbing

Method of transport

Bus _ _ _

Van _ _ _

Walk _ _ _

Other _ _ _

Items to take:

Camera: _ _ _ _ _ _ _ _ _ _

Protection:

      Sunscreen _ _ _ _ _ _ _ _ _

      Bug Repellent _ _ _ _ _ _

_ _

_ _

_ _

Refreshments

      Water _ _ _ _ _ _ _

Tote Bag _ _ _ _ _ _

Clothing

      Shoes _ _ _

      Sweater _ _ _

      Jacket _ _ _

      Towel _ _ _

      Swimsuit _ _ _

_ _

_ _

_ _

Notes:

At Sea ◯   Port ◯   Date _____

_____

Weather ☀ ☁ ☂ ❄   Temperature __

	Restaurant	Menu Choice
Breakfast		
Lunch		
Dinner		

Shipboard Activities	Excursions Planned

Evening events

Attire: Formal ◯   Casual ◯

Favorite Memory

New Friends

Don't forget!

❑ Ports of Call Details:

Port:

_ _

<u>Dis-embark Method</u>

Dock

_ _

Tender

_ _

<u>Excursions Information</u>

Time _ _ _ _ _ _ _ _ _ _ _ _ _ _ _ _ _ _

Start: _ _ _ _ _ _ _ _ _ _ _ _ _ _ _ _ _ _

Return: _ _ _ _ _ _ _ _ _ _ _ _ _ _ _ _ _

Remember to take Cruise ID

Tour Operator:

_ _

_ _

Type of Excursion:

Guided _ _ _

Narrated _ _ _

Self-guided _ _ _

Excursion Information:

☐ Swimming

☐ Diving

☐ Walking

☐ Hiking

☐ Climbing

Method of transport

Bus _ _ _

Van _ _ _

Walk _ _ _

Other _ _ _

Items to take:

Camera: _ _ _ _ _ _ _ _ _ _

Protection:

Sunscreen _ _ _ _ _ _ _ _ _

Bug Repellent _ _ _ _ _ _

_ _

_ _

_ _

Refreshments

Water _ _ _ _ _ _ _ _

Tote Bag_ _ _ _ _ _

Clothing

Shoes _ _ _

Sweater _ _ _

Jacket _ _ _

Towel _ _ _

Swimsuit _ _ _

_ _

_ _

_ _

❏ Ports of Call Details:

Port:
_____

<u>Dis-embark Method</u>

Dock
_____

Tender
_____

<u>Excursions Information</u>

Time _____

Start: _____

Return: _____

Remember to take Cruise ID

Tour Operator:

_ _

_ _

Type of Excursion:

Guided _ _ _

Narrated _ _ _

Self-guided _ _ _

Excursion Information:

- ☐ Swimming
- ☐ Diving
- ☐ Walking
- ☐ Hiking
- ☐ Climbing

Method of transport

Bus _ _ _

Van _ _ _

Walk _ _ _

Other _ _ _

Items to take:

Camera: _ _ _ _ _ _ _ _ _ _

Protection:

       Sunscreen _ _ _ _ _ _ _ _ _

       Bug Repellent _ _ _ _ _ _

_ _

_ _

_ _

Refreshments

       Water _ _ _ _ _ _ _

Tote Bag_ _ _ _ _ _

Clothing

       Shoes _ _ _

       Sweater _ _ _

       Jacket _ _ _

       Towel _ _ _

       Swimsuit _ _ _

_ _

_ _

_ _

Notes:

At Sea ◯   Port ◯   Date _____

_____

Weather ☀ ☁ ☂ ❄   Temperature __

	Restaurant	Menu Choice
Breakfast		
Lunch		
Dinner		

Shipboard Activities

Excursions Planned

Evening events

Attire: Formal ◯   Casual ◯

Favorite Memory

New Friends

Don't forget!

❑ *Ports of Call Details:*

Port:

_____

Dis-embark Method

Dock

_____

Tender

_____

Excursions Information

Time _____

Start: _____

Return: _____

Remember to take Cruise ID

Tour Operator:

_ _ _ _ _ _ _ _ _ _ _ _ _ _ _ _ _ _ _ _

_ _ _ _ _ _ _ _ _ _ _ _ _ _ _ _ _ _ _ _

Type of Excursion:
Guided _ _ _
Narrated _ _ _
Self-guided _ _ _

Excursion Information:

❑ Swimming
❑ Diving
❑ Walking
❑ Hiking
❑ Climbing

Method of transport
Bus _ _ _
Van _ _ _
Walk _ _ _
Other _ _ _

Items to take:

Camera: _ _ _ _ _ _ _ _ _ _

Protection:

        Sunscreen _ _ _ _ _ _ _ _ _

        Bug Repellent _ _ _ _ _ _

_ _

_ _

_ _

Refreshments

        Water _ _ _ _ _ _ _ _

Tote Bag_ _ _ _ _ _

Clothing

        Shoes _ _ _

        Sweater _ _ _

        Jacket _ _ _

        Towel _ _ _

        Swimsuit _ _ _

_ _

_ _

_ _

❑ Ports of Call Details:

Port:

Dis-embark Method

Dock

Tender

Excursions Information

Time _____

Start: _____

Return: _____

Remember to take Cruise ID

Tour Operator:

_ _

_ _

Type of Excursion:

Guided _ _ _

Narrated _ _ _

Self-guided _ _ _

Excursion Information:

❑ Swimming
❑ Diving
❑ Walking
❑ Hiking
❑ Climbing

Method of transport

Bus _ _ _

Van _ _ _

Walk _ _ _

Other _ _ _

Items to take:

Camera: _ _ _ _ _ _ _ _ _ _ _

Protection:

        Sunscreen _ _ _ _ _ _ _ _ _

        Bug Repellent _ _ _ _ _ _

_ _

_ _

_ _

Refreshments

        Water _ _ _ _ _ _

Tote Bag_ _ _ _ _ _

Clothing

        Shoes _ _ _

        Sweater _ _ _

        Jacket _ _ _

        Towel _ _ _

        Swimsuit _ _ _

_ _

_ _

_ _

Notes:

At Sea ◯   Port ◯   Date _____

_____

Weather ☀ ☁ ☂ ❄   Temperature __

	Restaurant	Menu Choice
Breakfast		
Lunch		
Dinner		

Shipboard Activities

Excursions Planned

Evening events

Attire: Formal ◯   Casual ◯

Favorite Memory

New Friends

Don't forget!

❑ **Ports of Call Details:**

Port:

_____

Dis-embark Method

Dock

_____

Tender

_____

Excursions Information

Time _____

Start: _____

Return: _____

Remember to take Cruise ID

Tour Operator:

_____

_____

Type of Excursion:

Guided _ _ _
Narrated _ _ _
Self-guided _ _ _

Excursion Information:

❑ Swimming
❑ Diving
❑ Walking
❑ Hiking
❑ Climbing

Method of transport

Bus _ _ _
Van _ _ _
Walk _ _ _
Other _ _ _

Items to take:

Camera: _ _ _ _ _ _ _ _ _ _

Protection:

       Sunscreen _ _ _ _ _ _ _ _ _

       Bug Repellent _ _ _ _ _ _

_ _

_ _

_ _

Refreshments

       Water _ _ _ _ _ _ _

Tote Bag_ _ _ _ _ _

Clothing

       Shoes _ _ _

       Sweater _ _ _

       Jacket _ _ _

       Towel _ _ _

       Swimsuit _ _ _

_ _

_ _

_ _

☐ Ports of Call Details:

Port:

_____

Dis-embark Method

Dock

_____

Tender

_____

Excursions Information

Time _____

Start: _____

Return: _____

Remember to take Cruise ID

Tour Operator:

_____

_____

Type of Excursion:

Guided _ _ _

Narrated _ _ _

Self-guided _ _ _

Excursion Information:

☐ Swimming
☐ Diving
☐ Walking
☐ Hiking
☐ Climbing

Method of transport

Bus _ _ _

Van _ _ _

Walk _ _ _

Other _ _ _

Items to take:

Camera: _ _ _ _ _ _ _ _ _ _

Protection:

        Sunscreen _ _ _ _ _ _ _ _ _

        Bug Repellent _ _ _ _ _ _

_ _

_ _

_ _

Refreshments

        Water _ _ _ _ _ _ _

Tote Bag_ _ _ _ _ _

Clothing

        Shoes _ _ _

        Sweater _ _ _

        Jacket _ _ _

        Towel _ _ _

        Swimsuit _ _ _

_ _

_ _

_ _

Notes:

At Sea ◯   Port ◯   Date _____

_____

Weather ☀ ☁ ☂ ❄   Temperature __

	Restaurant	Menu Choice
Breakfast		
Lunch		
Dinner		

Shipboard Activities

Excursions Planned

Evening events

Attire: Formal ◯   Casual ◯

Favorite Memory

New Friends

Don't forget!

☐ Ports of Call Details:

Port:

_____

Dis-embark Method

Dock

_____

Tender

_____

Excursions Information

Time _____

Start: _____

Return: _____

Remember to take Cruise ID

Tour Operator:

_ _ _ _ _ _ _ _ _ _ _ _ _ _ _ _ _ _ _

_ _ _ _ _ _ _ _ _ _ _ _ _ _ _ _ _ _ _

Type of Excursion:

Guided _ _ _

Narrated _ _ _

Self-guided _ _ _

Excursion Information:

❑ Swimming
❑ Diving
❑ Walking
❑ Hiking
❑ Climbing

Method of transport

Bus _ _ _

Van _ _ _

Walk _ _ _

Other _ _ _

Items to take:

Camera: _ _ _ _ _ _ _ _ _ _ _

Protection:

       Sunscreen _ _ _ _ _ _ _ _ _

       Bug Repellent _ _ _ _ _ _

_ _ _ _ _ _ _ _ _ _ _ _ _ _ _ _ _ _ _ _

_ _ _ _ _ _ _ _ _ _ _ _ _ _ _ _ _ _ _ _

_ _ _ _ _ _ _ _ _ _ _ _ _ _ _ _ _ _ _ _

Refreshments

       Water _ _ _ _ _ _ _

Tote Bag _ _ _ _ _ _

Clothing

       Shoes _ _ _

       Sweater _ _ _

       Jacket _ _ _

       Towel _ _ _

       Swimsuit _ _ _

_ _ _ _ _ _ _ _ _ _ _ _ _ _ _ _ _ _ _ _

_ _ _ _ _ _ _ _ _ _ _ _ _ _ _ _ _ _ _ _

_ _ _ _ _ _ _ _ _ _ _ _ _ _ _ _ _ _ _ _

❑ Ports of Call Details:

Port:

_____

Dis-embark Method

Dock

_____

Tender

_____

Excursions Information

Time _____

Start: _____

Return: _____

Remember to take Cruise
FD

Tour Operator:

_____

_____

Type of Excursion:

Guided _ _ _

Narrated _ _ _

Self-guided _ _ _

Excursion Information:

❑ Swimming
❑ Diving
❑ Walking
❑ Hiking
❑ Climbing

Method of transport

Bus _ _ _

Van _ _ _

Walk _ _ _

Other _ _ _

Items to take:

Camera: _ _ _ _ _ _ _ _ _ _

Protection:

       Sunscreen _ _ _ _ _ _ _ _ _

       Bug Repellent _ _ _ _ _ _

_ _

_ _

_ _

Refreshments

       Water _ _ _ _ _ _ _

Tote Bag_ _ _ _ _ _

Clothing

       Shoes _ _ _

       Sweater _ _ _

       Jacket _ _ _

       Towel _ _ _

       Swimsuit _ _ _

_ _

_ _

_ _

Notes:

At Sea ◯   Port ◯   Date _____

_____

Weather ☀ ☁ ☂ ❄   Temperature __

	Restaurant	Menu Choice
Breakfast		
Lunch		
Dinner		

Shipboard Activities

Excursions Planned

Evening events

Attire: Formal ◯   Casual ◯

Favorite Memory

New Friends

Don't forget!

☐ Ports of Call Details:

Port:

<u>Dis-embark Method</u>

Dock

Tender

<u>Excursions Information</u>

Time _____

Start: _____

Return: _____

Remember to take Cruise ID

Tour Operator:

_____

_____

Type of Excursion:

Guided _ _ _

Narrated _ _ _

Self-guided _ _ _

Excursion Information:

☐ Swimming
☐ Diving
☐ Walking
☐ Hiking
☐ Climbing

Method of transport

Bus _ _ _

Van _ _ _

Walk _ _ _

Other _ _ _

Items to take:

Camera: _ _ _ _ _ _ _ _ _ _

Protection:

       Sunscreen _ _ _ _ _ _ _ _ _

       Bug Repellent _ _ _ _ _ _

_ _

_ _

_ _

Refreshments

       Water _ _ _ _ _ _ _

Tote Bag _ _ _ _ _ _

Clothing

       Shoes _ _ _

       Sweater _ _ _

       Jacket _ _ _

       Towel _ _ _

       Swimsuit _ _ _

_ _

_ _

_ _

❑ Ports of Call Details:

Port:

- -

Dis-embark Method

Dock

- -

Tender

- -

Excursions Information

Time - - - - - - - - - - - - - - - -

Start: - - - - - - - - - - - - - - - -

Return: - - - - - - - - - - - - - -

Remember to take Cruise ID

Tour Operator:

_____

_____

Type of Excursion:

Guided ___
Narrated ___
Self-guided ___

Excursion Information:

☐ Swimming
☐ Diving
☐ Walking
☐ Hiking
☐ Climbing

Method of transport

Bus ___
Van ___
Walk ___
Other ___

Items to take:

Camera: _ _ _ _ _ _ _ _ _

Protection:

       Sunscreen _ _ _ _ _ _ _ _ _

       Bug Repellent _ _ _ _ _ _

_ _

_ _

_ _

Refreshments

       Water _ _ _ _ _ _ _

Tote Bag_ _ _ _ _ _

Clothing

       Shoes _ _ _

       Sweater _ _ _

       Jacket _ _ _

       Towel _ _ _

       Swimsuit _ _ _

_ _

_ _

_ _

Notes:

At Sea ◯   Port ◯   Date _____

_____

Weather ☀ ☁ ☂ ❄   Temperature __

	Restaurant	Menu Choice
Breakfast		
Lunch		
Dinner		

Shipboard Activities

Excursions Planned

Evening events

Attire: Formal ◯   Casual ◯

Favorite Memory

New Friends

Don't forget!

☐ Ports of Call Details:

Port:

Dis-embark Method

Dock

Tender

Excursions Information

Time _____

Start: _____

Return: _____

Remember to take Cruise
ID

Tour Operator:

_ _

_ _

Type of Excursion:

Guided _ _ _

Narrated _ _ _

Self-guided _ _ _

Excursion Information:

☐ Swimming
☐ Diving
☐ Walking
☐ Hiking
☐ Climbing

Method of transport

Bus _ _ _

Van _ _ _

Walk _ _ _

Other _ _ _

Items to take:

Camera: _ _ _ _ _ _ _ _ _ _ _

Protection:

       Sunscreen _ _ _ _ _ _ _ _ _ _

       Bug Repellent _ _ _ _ _ _

_ _

_ _

_ _

Refreshments

       Water _ _ _ _ _ _ _

Tote Bag_ _ _ _ _ _

Clothing

       Shoes _ _ _

       Sweater _ _ _

       Jacket _ _ _

       Towel _ _ _

       Swimsuit _ _ _

_ _

_ _

_ _

☐ Ports of Call Details:

Port:

_____

Dis-embark Method

Dock

_____

Tender

_____

Excursions Information

Time _____

Start: _____

Return: _____

Remember to take Cruise ID

Tour Operator:

_ _ _ _ _ _ _ _ _ _ _ _ _ _ _ _ _ _ _ _

_ _ _ _ _ _ _ _ _ _ _ _ _ _ _ _ _ _ _ _

Type of Excursion:

Guided _ _ _

Narrated _ _ _

Self-guided _ _ _

Excursion Information:

☐ Swimming
☐ Diving
☐ Walking
☐ Hiking
☐ Climbing

Method of transport

Bus _ _ _

Van _ _ _

Walk _ _ _

Other _ _ _

Items to take:

Camera: _ _ _ _ _ _ _ _ _ _

Protection:

      Sunscreen _ _ _ _ _ _ _ _ _

      Bug Repellent _ _ _ _ _ _

_ _

_ _

_ _

Refreshments

      Water _ _ _ _ _ _ _

Tote Bag_ _ _ _ _ _

Clothing

      Shoes _ _ _

      Sweater _ _ _

      Jacket _ _ _

      Towel _ _ _

      Swimsuit _ _ _

_ _

_ _

_ _

Notes:

At Sea ◯   Port ◯   Date _____

_____

Weather ☀ ☁ ☂ ❄   Temperature __

	Restaurant	Menu Choice
Breakfast		
Lunch		
Dinner		

Shipboard Activities

Excursions Planned

Evening events

Attire: Formal ◯   Casual ◯

Favorite Memory

New Friends

Don't forget!

❑ Ports of Call Details:

Port:

_____

Dis-embark Method

Dock

_____

Tender

_____

Excursions Information

Time _____

Start: _____

Return: _____

Remember to take Cruise
ID

Tour Operator:

‗ ‗ ‗ ‗ ‗ ‗ ‗ ‗ ‗ ‗ ‗ ‗ ‗ ‗ ‗ ‗ ‗

‗ ‗ ‗ ‗ ‗ ‗ ‗ ‗ ‗ ‗ ‗ ‗ ‗ ‗ ‗

Type of Excursion:

Guided _ _ _

Narrated _ _ _

Self-guided _ _ _

Excursion Information:

- ☐ Swimming
- ☐ Diving
- ☐ Walking
- ☐ Hiking
- ☐ Climbing

Method of transport

Bus _ _ _

Van _ _ _

Walk _ _ _

Other _ _ _

Items to take:

Camera: _ _ _ _ _ _ _ _ _ _

Protection:

       Sunscreen _ _ _ _ _ _ _ _ _

       Bug Repellent _ _ _ _ _ _

_ _

_ _

_ _

Refreshments

       Water _ _ _ _ _ _ _

Tote Bag_ _ _ _ _ _

Clothing

       Shoes _ _ _

       Sweater _ _ _

       Jacket _ _ _

       Towel _ _ _

       Swimsuit _ _ _

_ _

_ _

_ _

❑ Ports of Call Details:

Port:

_____

Dis-embark Method

Dock

_____

Tender

_____

Excursions Information

Time _____

Start: _____

Return: _____

Remember to take Cruise ID

Tour Operator:

_____

_____

Type of Excursion:

Guided _ _ _

Narrated _ _ _

Self-guided _ _ _

Excursion Information:

- ❑ Swimming
- ❑ Diving
- ❑ Walking
- ❑ Hiking
- ❑ Climbing

Method of transport

Bus _ _ _

Van _ _ _

Walk _ _ _

Other _ _ _

Items to take:

Camera: _ _ _ _ _ _ _ _ _ _

Protection:

       Sunscreen _ _ _ _ _ _ _ _ _

       Bug Repellent _ _ _ _ _ _

_ _

_ _

_ _

Refreshments

       Water _ _ _ _ _ _ _

Tote Bag _ _ _ _ _ _

Clothing

       Shoes _ _ _

       Sweater _ _ _

       Jacket _ _ _

       Towel _ _ _

       Swimsuit _ _ _

_ _

_ _

_ _

Notes:

At Sea ◯   Port ◯   Date _____

_____

Weather ☀ ☁ ☂ ❄   Temperature __

	Restaurant	Menu Choice
Breakfast		
Lunch		
Dinner		

Shipboard Activities

Excursions Planned

Evening events

Attire: Formal ◯   Casual ◯

Favorite Memory

New Friends

Don't forget!

❑ Ports of Call Details:

Port:

Dis-embark Method

Dock

Tender

Excursions Information

Time _____

Start: _____

Return: _____

Remember to take Cruise
ID

Tour Operator:

_ _

_ _

Type of Excursion:

Guided _ _ _

Narrated _ _ _

Self-guided _ _ _

Excursion Information:

❑ Swimming
❑ Diving
❑ Walking
❑ Hiking
❑ Climbing

Method of transport

Bus _ _ _

Van _ _ _

Walk _ _ _

Other _ _ _

Items to take:

Camera: _ _ _ _ _ _ _ _ _ _

Protection:

      Sunscreen _ _ _ _ _ _ _ _ _

      Bug Repellent _ _ _ _ _ _

_ _

_ _

_ _

Refreshments

      Water _ _ _ _ _ _ _

Tote Bag_ _ _ _ _ _

Clothing

      Shoes _ _ _

      Sweater _ _ _

      Jacket _ _ _

      Towel _ _ _

      Swimsuit _ _ _

_ _

_ _

_ _

❑ **Ports of Call Details:**

Port:

_____

Dis-embark Method

Dock

_____

Tender

_____

Excursions Information

Time _____

Start: _____

Return: _____

Remember to take Cruise ID

Tour Operator:

_____

_____

Type of Excursion:

Guided _ _ _

Narrated _ _ _

Self–guided _ _ _

Excursion Information:

❑ Swimming
❑ Diving
❑ Walking
❑ Hiking
❑ Climbing

Method of transport

Bus _ _ _

Van _ _ _

Walk _ _ _

Other _ _ _

Items to take:

Camera: _ _ _ _ _ _ _ _ _ _
Protection:
        Sunscreen _ _ _ _ _ _ _ _ _
        Bug Repellent _ _ _ _ _ _

_ _
_ _
_ _

Refreshments
        Water _ _ _ _ _ _ _

Tote Bag_ _ _ _ _ _

Clothing
        Shoes _ _ _
        Sweater _ _ _
        Jacket _ _ _
        Towel _ _ _
        Swimsuit _ _ _

_ _
_ _
_ _

Notes:

At Sea ◯   Port ◯   Date _____

_____

Weather ☀ ☁ ☂ ❄   Temperature __

	Restaurant	Menu Choice
Breakfast		
Lunch		
Dinner		

Shipboard Activities

Excursions Planned

Evening events

Attire: Formal ◯   Casual ◯

Favorite Memory

New Friends

Don't forget!

❑ **Ports of Call Details:**

Port:

- -

Dis-embark Method

Dock

- -

Tender

- -

Excursions Information

Time _ _ _ _ _ _ _ _ _ _ _ _ _ _ _ _ _ _

Start: _ _ _ _ _ _ _ _ _ _ _ _ _ _ _ _ _

Return: _ _ _ _ _ _ _ _ _ _ _ _ _ _ _ _

Remember to take Cruise ID

Tour Operator:

_ _

_ _

Type of Excursion:

Guided _ _ _

Narrated _ _ _

Self-guided _ _ _

Excursion Information:

❏ Swimming
❏ Diving
❏ Walking
❏ Hiking
❏ Climbing

Method of transport

Bus _ _ _

Van _ _ _

Walk _ _ _

Other _ _ _

Items to take:

Camera: _ _ _ _ _ _ _ _ _ _

Protection:

      Sunscreen _ _ _ _ _ _ _ _ _

      Bug Repellent _ _ _ _ _ _

_ _

_ _

_ _

Refreshments

      Water _ _ _ _ _ _ _

Tote Bag_ _ _ _ _ _

Clothing

      Shoes _ _ _

      Sweater _ _ _

      Jacket _ _ _

      Towel _ _ _

      Swimsuit _ _ _

_ _

_ _

_ _

❑ *Ports of Call Details:*

Port:

_____

Dis-embark Method

Dock

_____

Tender

_____

Excursions Information

Time _____

Start: _____

Return: _____

Remember to take Cruise ID

Tour Operator:

_ _

_ _

Type of Excursion:

Guided _ _ _

Narrated _ _ _

Self–guided _ _ _

Excursion Information:

❑ Swimming
❑ Diving
❑ Walking
❑ Hiking
❑ Climbing

Method of transport

Bus _ _ _

Van _ _ _

Walk _ _ _

Other _ _ _

Items to take:

Camera: _ _ _ _ _ _ _ _ _ _
Protection:
       Sunscreen _ _ _ _ _ _ _ _ _
       Bug Repellent _ _ _ _ _ _

_ _

_ _

_ _

Refreshments
       Water _ _ _ _ _ _ _

Tote Bag_ _ _ _ _ _

Clothing
       Shoes _ _ _
       Sweater _ _ _
       Jacket _ _ _
       Towel _ _ _
       Swimsuit _ _ _

_ _

_ _

_ _

Notes:

Printed in Great Britain
by Amazon

33220128R00072